ZUNGENTROMMEL

50 DEUTSCHE KINDERLIEDER

Für diatonische Zungentrommeln in

C-Dur mit 8/11/14/15 Zungen

YNSIDE COLLECTIVE

Bibliografische Information der Deutschen Nationalbibliothek: Die Deutsche Nationalbibliothek verzeichnet diese Publikation in der Deutschen Nationalbiblografie; detailierte bibliografische Daten sind im Internet über dnb.dnb.de abrufbar

© YNSIDE COLLECTIVE

Zungentrommel Musikbuch. 50 Deutsche Kinderlieder für Zungentrommel

Herstellung und Verlag:

BoD - Books on Demand, Norderstedt

ISBN: 9783756851461

VORWORT

Die Zungentrommel ist ein Instrument, welches sehr einfach von allen Altersstufen und unabhängig von Begabung gespielt werden kann. Mit dem intuitiven und leicht zu spielenden Zahlensystem in diesem Buch können Kinder direkt loslegen und wundervolle Musik machen. Ohne Vorkenntnisse und Notwendigkeit des Notenlesens.

In diesem Buch haben wir die 50 beliebtesten traditionellen Kinderlieder zusammengestellt, welche seit Jahrhunderten bekannt sind und zum deutschen Kulturgut gehören

Neben der musikalischen Früherziehung fördert die Zungentrommel auch die feinmotorischen Fähigkeiten deines Kindes. Zudem können Kinder schon sehr früh damit beginnen, die Melodien und Texte aus diesem Buch mitzusingen.

Aber das Allerwichtigste: Es macht einfach sehr viel Spaß!

Wir wünschen ganz viel Spaß mit diesem Liederbuch und Freude beim Spielen.

Dein YNSIDE COLLECTIVE Team

Beachte: Die Lieder in diesem Buch sind für diatonische Zungentrommeln mit 8, 11, 14 und 15 Zungen geeignet. Unter jedem Titel stehen dafür die passenden Symbole.

INHALT

DIE ZUNGENTROMMEL

Die Zungentrommel ist ein relativ junges Schlaginstrument aus der Familie der Idiophone (Klänge werden durch die Schwingung des Materials selbst erzeugt). Es handelt sich um ein äußerst meditatives Instrument, welches aus einem hohlen Stahlkörper besteht, auf dessen Oberseite kreisförmige Tonfelder (Zungen) ausgeschnitten sind.

Sound Energy by YNSIDE COLLECTIVE Zungentrommeln

Zungentrommeln wurden ursprünglich aus einem leeren Propangas-Tank hergestellt, aber moderne Modelle wie die Sound Energy Zungentrommeln werden aus Stahl präzisionsgefertigt.

Wie bei allen Trommeln verfügt die Zungentrommel über einen Hohlraum im Innern des Stahlkörpers. Dieser Stahlkörper ist rund. In ihm werden die Klänge gebündelt und verstärkt. Die Klänge selbst werden durch Schwingungen der Stahlzungen erzeugt. Wie viele Zungen in das Instrument eingeschnitten werden, hängt von der Größe der Zungentrommel ab. Meist befinden sich jedoch 8 bis 15 Zungen auf den Stahlkörpern. Diese Zungen sind nur an der Oberseite mit dem Gehäuse verbunden. Dies ist die Besonderheit am Aufbau: Die Zungen können frei schwingen und erzeugen dadurch ihre besonders harmonischen Klänge.

Jede der Zungen erzeugt einen definierten Ton, ähnlich wie die Tasten eines Klaviers. Durch das Anschlagen (mit den Fingern oder Drumsticks) entsteht das harmonische Klangspiel.

Die meisten Modelle besitzen eine Öffnung am unteren Teil des Instruments, dies ist wichtig, damit überhaupt klangvolle Töne gespielt werden können. Andernfalls würden nur dumpfe Töne deine Zungentrommel verlassen.

Die Größe der Zunge ist wichtig, für die Klänge der Töne, aber auch für die Tonhöhe von großer Bedeutung. Je länger die Zunge ist, desto tiefer ist der Ton und umgekehrt. Auch die Form der jeweiligen Stahlzunge ist entscheidend für die Klangschattierung. Die Zungen können demnach spitzer oder runder geformt sein. Auch zusätzliche Einkerbungen ermöglichen einen noch feineren Einsatz von tiefen oder hohen Tönen.

Wenn du das volle Klangerlebnis durch dieses besondere Instrument erfahren möchtest, solltest du unbedingt auf die Qualität deiner Zungentrommel achten. Eine hochwertige Trommel erzeugt klare und gut zu unterscheidende Töne, die entsprechend sauber wahrgenommen werden. Bei minderwertigen Modellen kommt es öfter zu Störfrequenzen. Die Qualität zeichnet sich dadurch aus, dass einzelne Klänge harmonisch aufeinander abgestimmt sind. Bei Sound Energy erhältst du handgefertigte Zungentrommeln in höchster Qualität. Unsere Trommeln erzeugen besonders beruhigende Klänge.

Pflegehinweise und Stimmung deiner Zungentrommel

Die Zungentrommel ist ein sehr pflegeleichtes Instrument. Verwahre Sie in der mitgelieferten Tasche und wische sie regelmäßig mit einem weichen Tuch ab. Um deine Zungentrommel vor Rost zu schützen, kannst du diese mit einem speziellen Handpan-Öl oder Kokosnussöl einreiben - so hast du möglichst lange Freude an deinem Instrument.

Zungentrommel wie die von Sound Energy sind ab Werk gestimmt und kann sofort bespielt werden. Auch hält die Stimmung deiner Zungentrommel bei normalem Gebrauch, sehr lange und muss anders wie z.b. eine Gitarre nicht regelmäßig gestimmt werden.

Sollte es dennoch einmal vorkommen, dass eine oder mehrere Klangzungen verstimmt sind, kannst du deine Zungentrommel mit einem Stimmgerät (oder Stimm-App) und einem speziellen Magneten nach stimmen. Zum nachstimmen setzt du die Magnete auf unterschiedliche Positionen der Zungen und überprüfst mit dem Stimmgerät die richtige Stimmung.

Zungentrommel Spielhaltung

Eine schöne Spielposition ist, die Zungentrommel im Schneidersitz auf den Oberschenkeln abzulegen, so hat man alle Zungen direkt vor sich und kann sie leicht bespielen. Wenn deine Zungentrommel kleine Gummifüße hat, kannst du sie aber auch vor dich auf einen Tisch stellen. Das Logo zeigt dabei immer zu dir.

Beachte bei der Auswahl deiner Spielposition auch darauf, das Schall-Loch auf der Unterseite nicht zu blockieren - so kann sich der Klang auch voll entfalten.

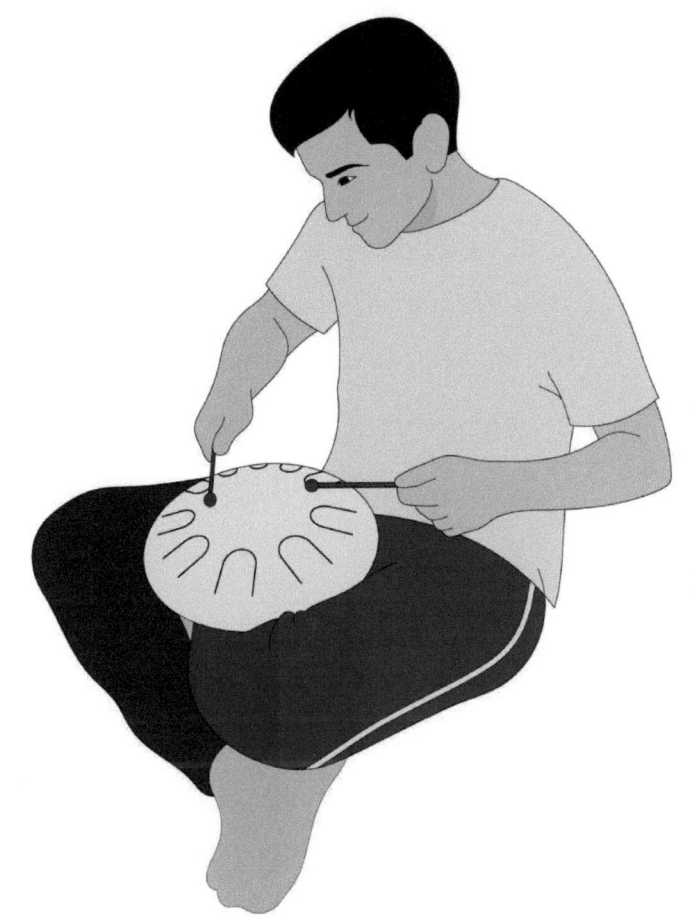

Zungentrommeln können wahlweise mit den mitgelieferten Drumsticks, den Fingerpicks oder auch mit den Fingern selbst gespielt werden. Der kräftigste Ton entsteht, wenn du die Zunge in der Nähe der Zungenspitze anschlägst.

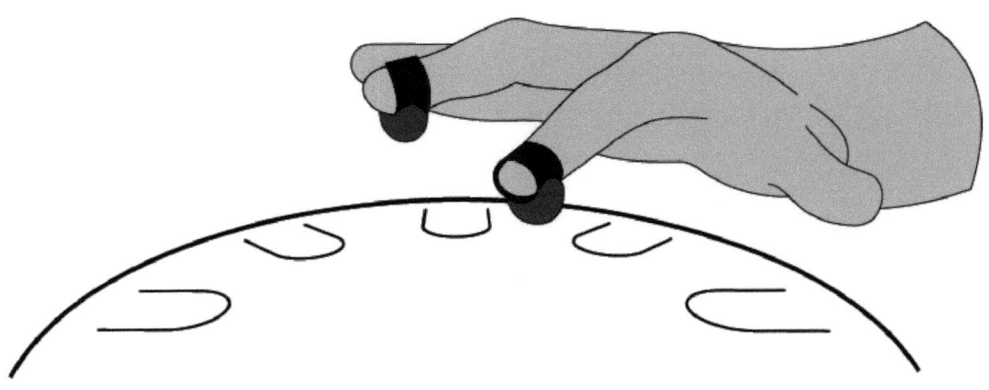

Die Töne deiner Zungentrommel

Die Zungentrommel ist ein sehr einfach zu spielendes Instrument. Du brauchst keine musikalischen Vorkenntnisse, denn unter jeder Note steht eine Zahl, die der auf der Zungentrommel entspricht, die Du spielen willst. Wenn Du keine Noten oder Nummern auf deiner Zungentrommel hast, kannst du sie dir ganz einfach hinten in diesem Buch ausschneiden und auf deiner Zungentrommel anbringen, die Du mit Hilfe eines Stimmgeräts oder eines anderen Instruments nach Gehör stimmst (siehe unten).

Es gibt eine Vielzahl an unterschiedlichen Zungentrommeln, die sich vor allem in der Zahl und Anordnung der Töne unterscheiden. Die gängigsten Modelle haben eine diatonische oder pentatonische Skala. Um herauszufinden, welches Modell der Zungentrommel du besitzt, haben wir dir hier einen kleinen Überblick zusammengestellt.

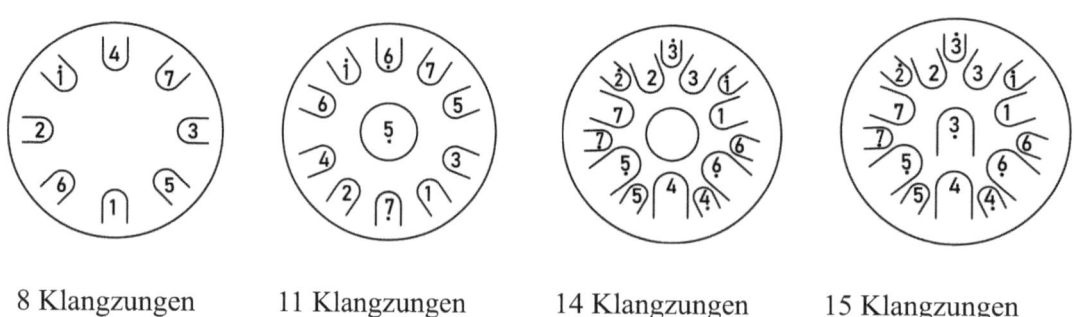

| 8 Klangzungen | 11 Klangzungen | 14 Klangzungen | 15 Klangzungen |

Die Lieder in diesem Musikbuch sind für diatonische Zungentrommeln (C-Dur) mit 8, 11, 14 und 15 Zungen geeignet. Unter jedem Titel stehen dafür die passenden Symbole um direkt mit dem spielen zu beginnen.

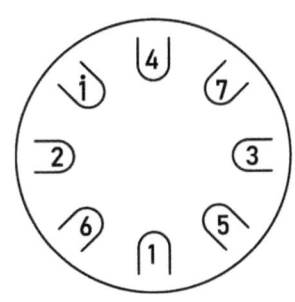

DIATONISCHE ZUNGENTROMMEL MIT 8 TÖNEN

Es handelt sich um eine diatonische Zungentrommel (C-Dur)
mit **8 Tönen**

DIATONISCHE ZUNGENTROMMEL MIT 11 TÖNEN

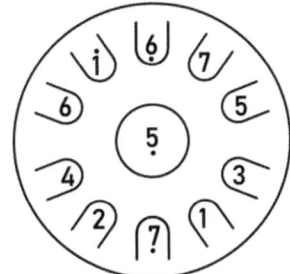

Es handelt sich um eine diatonische Zungentrommel (C-Dur)
mit **11 Tönen**

DIATONISCHE ZUNGENTROMMEL MIT 14 TÖNEN

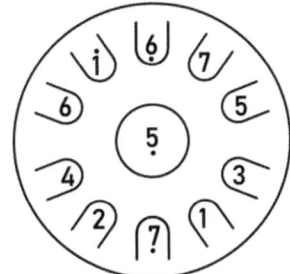

Es handelt sich um eine diatonische Zungentrommel (C-Dur)
mit **14 Tönen**

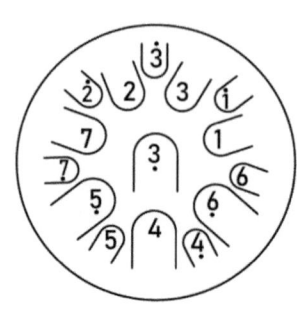

Diatonische Zungentrommel mit 15 Tönen

Es handelt sich um eine diatonische Zungentrommel (C-Dur)

mit **15 Tönen**

Zungentrommel Tabulatur

Musik für die Zungentrommel wird wie bei jedem anderen Instrument mit Noten aufgeschrieben. Unten siehst du, was die einzelnen Punkte in den Noten bedeuten.

Wenn du keine Noten lesen kannst - ist das auch nicht schlimm. Hier findest du unter jeder Note eine Zahl mit dem zugehörigen Liedtext. Diese Zahl entspricht den Zahlen auf deiner Zungentrommel und macht es einfach, die Lieder zu spielen, wenn du keine musikalischen Kenntnisse hast.

Auch findest du Akkorde über den Noten, so dass dich ein anderes Instrument begleiten kann, wenn du es wünschst.

Wie bereits erwähnt, haben nicht alle Zungentrommeln die gleiche Anzahl von Tönen. Schau neben dem Titel nach, ob das Symbol mit deiner Zungentrommel übereinstimmt. Die Zahl 8 entspricht einer Zungentrommel mit 8 Tasten, die Zahl 11 entspricht einer Zungentrommel mit 11 Tasten und die Zahl 14,15 ist auf allen Liedern zu finden, d.h. wenn du dieses Modell einer Zungentrommel hast, kannst du alle Lieder dieser Sammlung spielen.

Noten mit einem * darüber bedeuten, dass sie so verändert wurden, dass sie auf einem C-Dur-Instrument gespielt werden können, weil die ursprüngliche Liednote einer Note außerhalb der C-Dur-Tonleiter entspricht.

13

50 Deutsche Kinderlieder

Ihr Kinderlein Kommet

Text: Christoph von Schmid (1768-1854)
Melodie: Johann Abraham Peter Schulz (1747-1800)

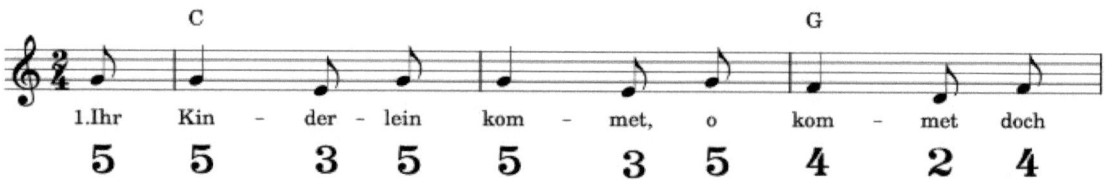

2. O seht in der Krippe im nächtlichen Stall,
steht hier bei des Lichtleins hell glänzendem Strahl
in reinlichen Windeln das himmliche Kind,
viel schöner und holder als Engel es sind.

3. Da liegt es, das Kindlein, auf Heu und auf Stroh,
Maria und Joseph betrachten es froh,
die redlichen Hirten knien betend davor,
hoch oben schwebt jubelnd der Engelein Chor.

4. O beugt wie die Hirten anbetend die Knie,
erhebet die Händlein und danket wie sie!
Stimmmt freudig, ihr Kinder, wer sollt sich nicht freun,
stimmt freudig zum Jubel der Engel mit ein!

5. Was geben wir Kinder, was schenken wir dir,
du Bestes und Liebstes der Kinder, dafür?
Nichts willst du von Schätzen und Freuden der Welt,
ein Herz nur voll Unschuld allein dir gefällt.

ABC, die Katze lief im Schnee

Volkslied aus Thüringen

1. A - B - C Die Kat - ze lief im Schnee. Und
1 3 5 1 5 4 3 2 1 5

als sie dann nach Hau - se kam, da hatt' sie wei - ße
4 3 2 1 7 1 2 5 4 3 2 1

Stie - fel an. O - je - mi - ne, o - je - mi - ne, die Kat - ze lief im Schnee.
7 1 2 5 4 4 3 1 6 6 5 1 5 4 3 2 1

2. ABC, die Katze lief zur Höh',
Sie leckt' ihr kaltes Pfötchen rein
und putzt' sich auch die Stiefelein,
und ging nicht mehr,
und ging nicht mehr,
und ging nicht mehr in'n Schnee

17

Alle meine Entchen

1. Al - le mei - ne Ent - chen, schwim - men auf dem See
1 2 3 4 5 5 6 6 6 6 5

Schwim - men auf dem See, Köpf - chen in das
6 6 6 6 5 4 4 4 4

Was - ser, Schwänz - chen in die Höh'.
3 3 2 2 2 2 1

2. Alle meine Täubchen
gurren auf dem Dach,
gurren auf dem Dach,
fliegt eins in die Lüfte,
fliegen alle nach

3. Alle Meine Hühner
scharren in dem Stroh,
scharren in dem Stroh,
finden sie ein Körnchen,
sind sie alle froh

4. Alle meine Gänschen
watscheln durch den Grund,
watscheln durch den Grund,
suchen in dem Tümpel,
werden kugelrund.

18

Alle Vögel sind schon da

1. Al - le Vö - gel sind schon da, al - le Vö - gel, al - le.
1 3 5 i 6 i 6 5 4 5 3 1 2 1

Welch ein Sin - gen, Mu - si - ziern, Pfei - fen, Zwit - schern, Ti - ri - liern!
5 5 4 4 3 5 3 2 5 5 4 4 3 5 3 2

Früh - ling will nun ein - mar - schiern, kommt mit Sang und Scha - le.
1 3 5 1 6 i 6 5 4 5 3 1 2 1

2. Wie sie alle lustig sind,
flink und froh sich regen!
Amsel, Drossel, Fink und Star
und die ganze Vogelschar
wünschen dir ein frohes Jahr,
lauter Heil und Segen.

3. Was sie uns verkünden nun,
nehmen wir zu Herzen:
Wir auch wollen lustig sein,
lustig wie die Vögelein,
hier und dort, feldaus, feldein,
springen, springen, scherzen.

Auf der Mauer, auf der Lauer

Volkslied

2. Auf der Mauer, auf der Lauer
   sitzt 'ne kleine Wanz.
   Auf der Mauer, auf der Lauer
   sitzt 'ne kleine Wanz.
   Seht euch nur die Wanz an,
   wie die Wanz tanzen kann!
   Auf der Mauer, auf der Lauer
   sitzt 'ne kleine Wanz.

3. Auf der Mauer, auf der Lauer
   sitzt 'ne kleine Wan.
   Auf der Mauer, auf der Lauer
   sitzt 'ne kleine Wan.
   Seht euch nur die Wan an,
   wie die Wan tanz kann!
   Auf der Mauer, auf der Lauer
   sitzt 'ne kleine Wan.

4. Auf der Mauer, auf der Lauer
   sitzt 'ne kleine Wan.
   Auf der Mauer, auf der Lauer
   sitzt 'ne kleine Wa.
   Seht euch nur die Wa an,
   wie die Wa tanz kann!
   Auf der Mauer, auf der Lauer
   sitzt 'ne kleine Wa.

5. Auf der Mauer, auf der Lauer
   sitzt 'ne kleine W.
   Auf der Mauer, auf der Lauer
   sitzt 'ne kleine W.
   Seht euch nur die W an,
   wie die W tanz kann!
   Auf der Mauer, auf der Lauer
   sitzt 'ne kleine W.

6. Auf der Mauer, auf der Lauer
   sitzt 'ne kleine -.
   Auf der Mauer, auf der Lauer
   sitzt 'ne kleine -.
   Seht euch nur die -- an,
   wie die -- tanz kann!
   Auf der Mauer, auf der Lauer
   sitzt 'ne kleine -.

7. Auf der Mauer, auf der Lauer
   sitzt 'ne kleine Wanze.
   Auf der Mauer, auf der Lauer
   sitzt 'ne kleine Wanze.
   Seht euch nur die Wanze an,
   wie die Wanze tanzen kann!
   Auf der Mauer, auf der Lauer
   sitzt 'ne kleine Wanze.

Auf einem Baum ein Kuckuck saß

Volkslied aus dem Bergischen Land

1. Auf ei - nem Baum ein Ku - ckuck,
5 3 1 3 5 5 4 2

sim - sa - la dim - bam -
1 1 1 1 1

ba - sa - la - du - sa - la dim,
1 1 1 2 7 7 5 5

Auf ei - nem Baum ein Ku - ckuck saß.
3 1 3 5 5 4 2 1

2. Da kam ein junger Jägers–,
simsalabim-bamba-saladu-saladim
da kam ein junger Jägersmann.

3 Der schoß den armen Kuckuck, –
simsalabim-bamba-saladu-saladim
der schoß den armen Kuckuck tot.

4. Und als ein Jahr vergangen, –
simsalabim-bamba-saladu-saladim
und als ein Jahr vergangen war.

5. Da war der Kuckuck wieder, –
simsalabim-bamba-saladu-saladim
da war der Kuckuck wieder da.

21

Backe, backe kuchen

Kinderlied auf dem 19. Jh.

Bruder Jakob

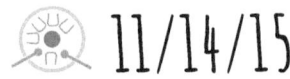

französisches Kinderlied

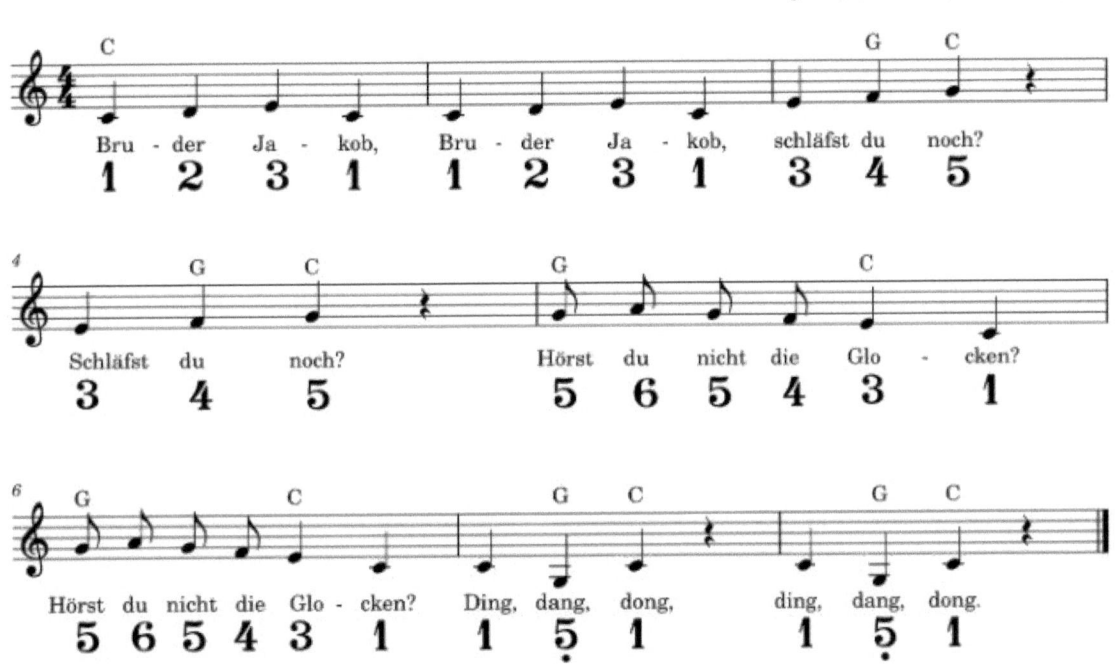

BRÜDERCHEN, KOMM, TANZ MIT MIR

Text: überliefert
Melodie: aus der Oper „Hänsel und Gretel"
von Engelbert Humperdink (1854-1921)

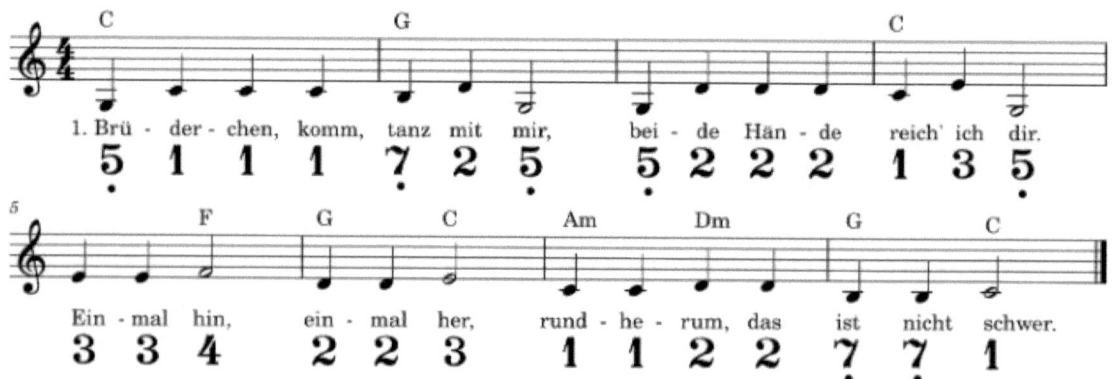

1. Brü - der - chen, komm, tanz mit mir, bei - de Hän - de reich' ich dir.
5 1 1 1 7 2 5 5 2 2 1 3 5

Ein - mal hin, ein - mal her, rund - he - rum, das ist nicht schwer.
3 3 4 2 2 3 1 1 2 2 7 7 1

2..Mit den Händchen klipp, klipp, klapp,
   mit den Füßchen tripp, tripp, trapp.
   Einmal hin, einmal her,
   rundehrum, das ist nicht schwer.

3. Emit dem Köpfchen nick, nick, nick,
   mit den Fingerchen tick, tick, tick,
   Einmal hin, einmal her,
   rundherum, das ist nicht schwer.

4. Ei, das hast du gut gemacht,
   ei, das hätt' ich nicht gedacht.
   Einmal hin, einmal her,
   rundherum, das ist nicht schwer.

5. Noch einmal das schöne Spiel,
   weil es mir so gut gefiel.
   Einmal hin, einmal her,
   rundherum, das ist nicht schwer.

Bunt sind schon die Wälder

Text: J.G. von Salis-Seewis (1762 - 1834)
Melodie: Johann Friedrich Reichardt (1752 - 1814)

2. Wie die volle Traube
   aus dem Rebenlaube
   purpurfarbig strahlt!
   Am Geländer reifen
   Pfirsiche, mit Streifen,
   rot und weiß bemalt.

3. Flinke Träger springen,
   und die Mädchen singen,
   alles jubelt froh!
   Bunte Bänder schweben
   zwischen hohen Reben,
   auf dem Hut von Stroh.

4. Geige tönt und Flöte,
   bei der Abendröte,
   und im Mondesglanz;
   junge Winzerinnen
   winken und beginnen
   frohen Erntetanz.

. = Die Originalnote wurde bearbeitet, damit sie von der Zungentrommel
in C-Dur gespielt werden kann und harmonisch klingt.

Der Herbst ist Da

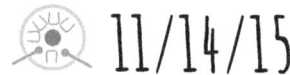

Text und Melodie: Hans -Reinhard Franzke

1. Der Herbst, der Herbst, der Herbst ist da! Er bringt unds Wind, hei,
5 1 3 5 4 3 2 1 5 1 3 5 4

hus - sas - sa. Schüt - telt ab die Blät - ter, bringt uns Re - gen-
3 2 1 2 2 2 4 3 1 2 2 2 4

wet - ter. Hei - a, hus - sas - sa, der Herbst ist da!
3 1 5 6 5 4 3 1 3 2 1

2. Der Herbst, der Herbst, der Herbst ist da!
Er bringt uns Obst, hei, hussassa.
Macht die Blätter bunter,
wirft die Äpfel runter.
Heia, hussassa, der Herbst ist da!

3. Der Herbst, der Herbst, der Herbst ist da!
Er bringt uns Wein, hei, hussassa.
Nüsse auf den Teller,
Birnen in den Keller.
Heia, hussassa, der Herbst ist da!

4. Der Herbst, der Herbst, der Herbst ist da!
Er bringt uns Spaß, hei, hussassa.
Rüttelt an den Zweigen,
lässt die Drachen steigen.
Heia, hussassa, der Herbst ist da.

Der Kuckuck und der Esel

Text: August Heinrich Hoffmann von Fallersleben (1798 - 1874)
Melodie: Carl-Friedrich Zelter (1758 - 1832)

2. Der Kuckuck sprach: „Das kann ich!"
und fing gleich an zu schrein.
„Ich aber kann es besser,
ich aber kann es besser!",
fiel gleich der Esel ein,
fiel gleich der Esel ein.

3. Das klang so schön und lieblich,
so schön von fern und nah.
Sie sangen alle beide,
sie sangen alle beide:
„Kuckuck, Kuckuck, i-a, i-a!
Kuckuck, Kuckuck, i-a!"

Die Affen rasen durch den Wald

Volkslied

2. Die Affenmama sitzt am Fluss
und angelt nach der Kokosnuss
Die ganze Affenbande brüllt:
„Wo ist die Kokosnuss...“

3. Der Affenonkel, welch ein Graus
Reißt ganze Urwaldbäume aus
Die ganze Affenbande brüllt:
Wo ist die Kokosnuss...“

4. Die Affentante kommt von fern,
sie isst die Kokosnuss so gern.
Die ganze Affenbande brüllt:
Wo ist die Kokosnuss...“

5. Der Affenmilchmann, dieser Knilch,
der wartet auf die Kokosmilch.
Die ganze Affenbandebrüllt:
„Wo ist die Kokosnuss...“

6. Das Affenbaby voll Genuss
Hält in der Hand die Kokosnuss
Die ganze Affenbande brüllt:
„Da ist die Kokosnuss,
da ist die Kokosnuss,
es hat die Kokosnuss geklaut.
Da ist die...“

7. Und die Moral von der Geschicht’:
Klaut keine Kokosnüsse nicht,
weil sonst die ganze Bande brüllt:
„Wo ist die Kokosnuss...“

Dornröschen war ein schönes Kind  8/11/14/15

Volkslied

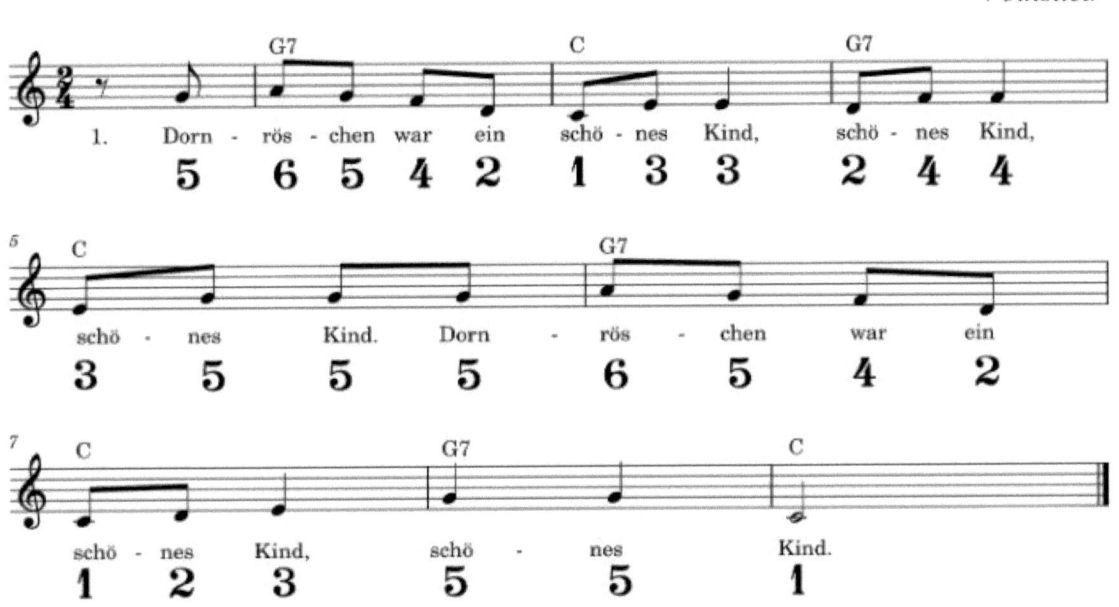

2. Dornröschen, nimm dich ja in Acht,
ja in Acht, ja in Acht,
Dornröschen, nimm dich ja in Acht, ja in Acht.

3. Da kam die böse Fee herein,
Fee herein, Fee herein,
Da kam die böse Fee herein, Fee herein.

4. „Dornröschen, schlafe hundert Jahr',
hundert Jahr', hundert Jahr'
Dornröschen, schlafe hundert Jahr', hundert Jahr'!"

5.Da wuchs die Hecke riesengroß,
riesengroß, riesengroß,
da wuchs die hecke riesengroß, riesengroß.

6. Da kam ein junger Königssohn,
Königssohn, Königssohn,
da kam ein jünger Königssohn, Königssohn.

7. „Dornröschen, wache wieder auf,
wieder auf, wieder auf,
Dornröschen, wache wieder auf, wieder auf!"

8. Da feiern sie das Hochzeitsfest,
Hochzeitsfest, Hochzeitsfest,
da feiern sie das Hochzeitsfest, Hochzeitsfest.

Drei Chinesen mit dem Kontrabass  8/11/14/15

Volkslied

1. Drei Chinesen mit dem Kontrabass
saßen auf der Straße und erzählten sich was.
Da kam die Polizei, ja, was ist denn das?
Drei Chinesen mit dem Kontrabass.

2. Dra Chanasan mat dam Kantrabass
saßan af dar Straßa and arzahltan sach was.
Da kam da Palaza, ja was ast dann das?
Dra Chanasan mat dam Kantrabass.

Dann folgen die Strophen jeweils mit e, i, o und u.

Männlein steht im Walde

Text: August Heinrich Hoffmann von Fallersleben (1798 - 1874)
Melodie: Volksweise von Niederrhein

2. Das Männlein steht im Walde auf einem Bein
und hat auf seinem Haupte schwarz Käpplein kein.
Sagt, we rmag das Männlein sein,
das da steht im Wald allein
mit dem kleinen schwarzen Käppelein?

Gesprochen:
3. Das Männlein dort auf einem Bein
mit seinem roten Mäntelein
und seinem schwarzen Käppelein
kann nur die Hagebutte sein,

Eine Muh, eine Mäh

Text und Melodie: Wilhelm Lindemann (1882 - 1941)

C   G   G7   C

1. Wenn der Weih - nachts - baum uns lacht, wenn die Glock - e bim - bam macht,

5 3 3 3 3 2 2   7 6 6 6 6 5 5

F   G   C

kommt auf lei - sen Soh - len Rup - recht an ver - stoh - len.

1 1 1 1 7 6 5 5 4 7 2 1

D   G   D   G

Zieht mit vol - len Sä - cken ein, bringt uns Bä - cker - leck - er - ein.

2 2 2 2 5 6 7 6 6 2 2 7 6 5

D   G   D   G

Und packt un - ter La - chen aus die schön - sten Sa - chen.

2 2 2 2 5 6 7 6 6 1 7 6 5 5

     G7

Au - ßer Ku - chen - zeug bringt noch der gu - te euch: Ei - ne

5 5 5 5 5 5 5 5 5 5 6 5

• = Die Originalnote wurde bearbeitet, damit sie von der Zungentrommel
in C-Dur gespielt werden kann und harmonisch klingt.

Muh, ei - ne Mäh, ei - ne Tä - te - rä - tä - tä, ei - ne
3 7 1 5 4 3 3 2 2 2 2 2 1

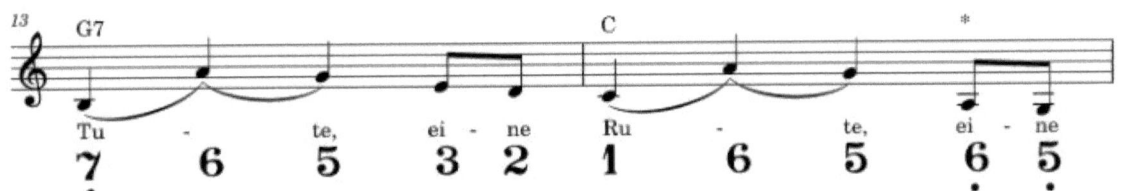

Tu - te, ei - ne Ru - te, ei - ne
7 6 5 3 2 1 6 5 6 5

Hopp - Hopp - Hopp - Hopp, ei - ne Di - del - da - del - dum, ei - ne
3 7 1 5 4 3 3 2 2 2 2 2 1

Wau - Wau - Wau, ra - ta - tsching - de - ra - ta - bum.
7 6 5 3 7 2 1 1 1 1

2. Wenn der Schnee zum Berg nicht trümt,
wenn es draußen friert und stürmt,
um dei Weihnachtslicher fröhlicher Gesichter.
Alle Stuben blitzeblank,
denn es kommt mit Poltergang
durch die Luft, die kalte,
Ruprecht an, der alte.
Außer Kuichenzeug bringt noch der Gute euch:
eine Muh, eine Mäh,
eine Täterätätä,
eine Tute, eine Rute,
eine Hopp-Hopp-Hopp-Hopp-Hopp,
eine Dideldadeldum, eine Wau-Wau-Wau,
ratatschingderatabum.

. = Die Originalnote wurde bearbeitet, damit sie von der Zungentrommel
   in C-Dur gespielt werden kann und harmonisch klingt.

ES REGNET, ES REGNET

Volkslied aus dem 19. Jh.

Es reg - net, es reg - net, die Er - de - wird nass.
5 5 3 5 5 3 5 6 i 6 5 5 Und

wenn's ge - nug ge - reg - net hat, dann wächst auch wie - der Gras!
4 4 4 4 3 3 3 3 5 5 5 5 1

2. Es regnet, es regnet, es rechnet seinen Lauf.
Und wenn's genug geregnet hat, dann
hört's auch wieder auf.

3. Es regnet, es regnet, was kümmert uns das.
Wir sitzen im Trocken und
werden nicht nass.

Froh zu sein bedarf es wenig

Text und Melodie: August Mühling (1786-1847)

Kanon zu 4 Stimmen

Froh zu sein be - darf es we - nig, und wer froh ist, ist ein Kö - nig.

Es tanzt ein Bi-Ba-Butzemann

Volkslied

G
1.-4. Es tanzt ein Bi - Ba - But - ze - mann in
2 5 5 2̇ 2̇ 7 7 5 5

D   G
un - serm Haus he - rum, di - del - dum. Es tanzt ein Bi - Ba -
6 6 2 2 5 5 2̇ 2 5 5 2̇ 2̇

D
But - ze - man, in un - serm Haus he - rum.   1. Er
7 7 5 5 6 6 2 2 5   7

D7   G
rüt - telt sich, er schüt - telt sich, er
6 7 1̇ 6 7 1̇ 2̇ 7

D7   D7
wirft sein Säck - chen hin - ter sich. Es tanzt ein Bi - Ba -
7 1̇ 6 7 7 1̇ 2̇ 2 5 5 2̇ 2̇

D   G
But - ze - mann in un - serm Haus he - rum.
7 7 5 5 6 6 2 2 5

2. Es tantz ein Bi-Ba-Butzemann ...
Er wirft sein Säcklein her und hin,
was ist wohl in dem Säcklein drin?
Es tantz ein Bi-Ba-Butzemann
in unserm Haus herum.

3. Es tantz ein Bi-Ba-Butzemann ...
Er bringt zur Nacht dem guten Kind
die Äpfel, die im Säcklein sind.
Es tantz ein Bi-Ba-Butzemann
in unserm Haus herum.

4. Es tantz ein Bi-Ba-Butzemann ...
Er wirft sein Säcklein hin und her,
am Morgen ist es wieder leer.
Es tantz ein Bi-Ba-Butzemann
in unserm Haus herum.

Grün, grün, grün sind alle meine Kleider

überliefertes Kinderlied

2. Rot, rot, rot sind alle meine Kleider,
rot, rot, rot ist alles, was ich hab.
Darum lieb ich alles, was so rot ist,
weil mein Schatz ein Reiter, Reiter ist.

3.Blau, blau, blau sind alle meine Kleider,
blau, blau, blau ist alles, was ich hab.
Darum lieb ich alles, was so blau ist,
weil mein Schatz ein Matrose ist.

4. Schwarz, schwarz, schwarz sind alle meine Kleider,
schwarz, schwarz, schwarz ist alles, was ich hab.
Darum lieb ich alles, was so schwarz ist,
weil mein Schatz ein Schonsteinferger ist.

5. Weiß, weiß, weiß sind alle meine Kleider,
weiß, weiß, weiß ist alles, was ich hab.
Darum lieb ich alles, was so weiß ist,
weil mein Schatz ein Müller, Müller ist.

6. Bunt, bunt, bunt sind alle meine Kleider,
bunt, bunt, bunt ist alles, was ich hab.
Darum lieb ich alles, was so bunt ist,
weil mein Schatz ein Maler, Maler ist.

Hab 'ne Tante aus Marokko

überliefertes Kinderlied

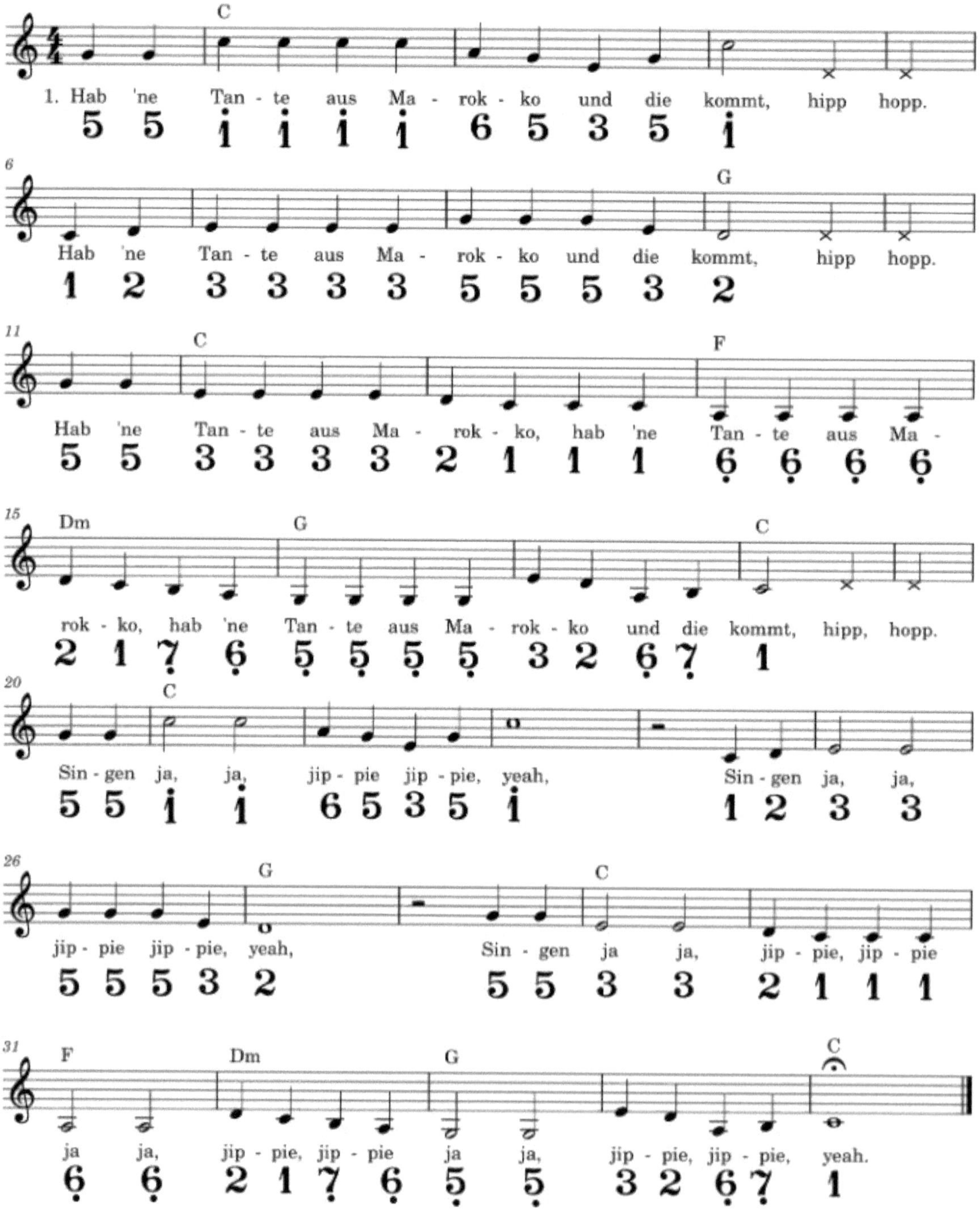

2. Und sie kommt auf zwei Kamelen,
wenn sie kommt, hoppeldihopp,
Und sie kommt auf zwei Kamelen,
wenn sie kommt, hoppeldihopp,
Und sie kommt auf zwei Kamelen,
und sie kommt auf zwei Kamelen,
und sie kommt auf zwei Kamelen,
wenn sie kommt, hipp hopp hoppeldihopp.
Singen ja ja, jippie, jippie, yeah...

3. Und sie schießt mit zwei Pistolen,
wenn sie kommt, piff paff.
Und sie schießt mit zwei Pistolen,
wenn sie kommt, piff paff.
Und sie schießt mit zwei Pistolen,
und sie schießt mit zwei Pistolen,
und sie schießt mit zwei Pistolen,
wenn sie kommt, hipp hopp hoppeldihopp
piff paff.
Singen ja ja, jippie, jippie, yeah...

4. Und dann schlachten wir ein Schwein,
wenn sie kommt, oink oink ...

5. Und dann drinken wir ' ne Flasche,
wenn sie kommt, gluck gluck ...

6. Und dann essen wir 'ne Torte,
wenn sie kommt, schmatz schmatz ...

7. Und dann schrubben wir die Bude,
wenn sie kommt, schrubb schrubb ...

8. Und dann kommte ein Telegramm,
dass sie nicht kommt, ohhhh ...

9. Und dann kommt ein Telegramm,
dass sie doch kommt, juchhe ...

Hei, lustig, ihr Kinder, vorbei ist der Winter

Volkslied

1. Hei, lus - tig, ihr Kin - der! Vor - bei ist der Win - ter!

5 5 3 4 5 5 5 6 i 6 5 5

Die Son - ne er - wacht; das Blü - me - lein lacht.

5 4 3 2 3 5 6 i 7 i

2. Die Vögelein singen;
die Knospen aufspringen.
Der Himmel ist Blau
und grün ist die Au-

3. Hei, lustig, ihr Kinder1
Vorbei ist der Winter,
und fort ist der Schnee.
Herr Winter, ade!

Hejo, spann den Wagen an

Kanon aus England

1. Am Em Am Em
He - jo, spann den Wa - gen an,
6 5 6 6 6 3

2. Am Em Am Em
denn der Wind treibt Re - gen ü - bers Land.
6 6 7 7 i i i i 7

3. Am Em Am Em
Hol die gold - nen Gar - ben,
3 3 3 3 3 3

hol die gold - nen Gar - ben!___
3 3 3 3 3 2 i 7

Kommt ein Vogel geflogen

Volkslied aus Niederösterreich

1. Kommt	ein	Vo -	gel	ge -	flo -	gen,	setz	sich
3	4	5	3	3	3	2	2	3

nie -	der	auf mein'	Fuß,	hat	ein	Zet -	tel	im
4	2	2	5	3	3	4	5	3	3

Schna -	bel,	von	der	Mut -	ter	ein'	Gruß.
3	2	2	3	4	7	7	1

2. Lieber Vogel, flieg weiter,
nimm ein' Gruß mit und ein' Kuss,
den ich kann dich nicht begleiten,
weil ich hier bleiben muss.

Hopp hopp hopp, Pferdchen lauf Galopp

Text: Carl Hahn (1778 - 1850)
Melodie: Carl Gottlieb Herning (1766 - 1853)

2. Tipp, tipp tapp,
wirf mich nur nicht ab!
Pferdchen, tu es mir zuliebe.
Tipp tipp tipp tip tapp,
Wirf mich nur nicht ab!

3. Brr brr he,
steh doch, Pferdchen, steh!
Sollst schon heute weiter springen,
muss dir nur erst Futter bringen.
Brr brr brr brr he!
Steh doch, Pferdchen, steh!

4. Ja ja ja,
sind wir wieder da.
Schwester, Vater, liebe Mutter,
findet auch mein Pferdchen Futter
Ja ja ja ja ja,
sind wir wieder da!

Ich bin ein Musikante

Volkslied

2. Ich bin ein Musikante ...
Ich kann auch spielen,
Wir könn'n auch spielen.
Auf meiner Geige.
Auf unsrer Geige.
‖ Sim-sim-serim, sim-sim-serim,
sim-sim-sim-sim-serim. ‖

3.Ich bin ein Musikante ...
Ich kann auch schlagen,
Wir könn'n auch schlagen.
Die große Trommel.
Die große Trommel.
‖ Pum-pum-perum, pum-pum-perum,
pum-pum-pum-pum-perum. ‖

4. Ich bin ein Musikante ...
Ich kann auch spielen,
Wir könn'n auch spielen.
Die kleine Flöte.
Die kleine Flöte.
‖ tütü-tütü, tütü-tütü, tütütütü. ‖

5. Ich bin ein Musikante ...
Ich kann auch spielen,
Wir könn'n auch spielen.
Auf dem Klaviere.
Auf dem Klaviere.
‖ Greif hier mal hin, greif da mal hin,
Greif hier mal hin, mal da. ‖

Ich geh mit meiner Laterne

Kinderlied aus Norddeutschland

2. Ich geh mit meiner Laterne und meine Laterne mit mir.
Da oben leuchten die Sterne und unten, da leuchten wir.
Der Martinsmann, der zieht voran.
Rabimmel, rabimmel, rabumm.

3 Ich geh mit meiner Laterne und meine Laterne mit mir.
Da oben leuchten die Sterne und unten, da leuchten wir.
Wie schön das klingt, wenn jeder singt.
Rabimmel, rabimmel, rabumm.

4. Ich geh mit meiner Laterne und meine Laterne mit mir.
Da oben leuchten die Sterne und unten, da leuchten wir.
Ein Kuchenduft liegt in der Luft.
Rabimmel, rabimmel, rabumm.

5. Ich geh mit meiner Laterne und meine Laterne mit mir.
Da oben leuchten die Sterne und unten, da leuchten wir.
Beschenkt uns heut. ihr lieben Leut'
Rabimmel, rabimmel, rabumm.

6. Ich geh mit meiner Laterne und meine Laterne mit mir.
Da oben leuchten die Sterne und unten, da leuchten wir.
Laternenlicht, verlöscht mir nicht!
Rabimmel, rabimmel, rabumm.

7. Ich geh mit meiner Laterne und meine Laterne mit mir.
Da oben leuchten die Sterne und unten, da leuchten wir.
Mein Licht ist aus, ich geh nach Haus.
Rabimmel, rabimmel, rabumm.

KLEIN HÄSCHEN WOLLT' SPAZIEREN GEHN

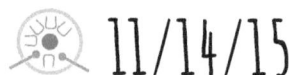

Text: Heinrich von Leipziger (ca.1880)
Melodie: Asmus

1. Klein___ Häs - chen wollt' spa - zie - ren - gehn, spa___ - zie - ren - ganz al -
3 4 5 1 1 2 1 7 7 3 4 5 7 7 6

lein, Da___ hat's das Bäch-lein nicht ge - sehn und plumps! Da fiel's hi - nein.
5 3 4 5 1 1 5 6 1 6 4 3 5 2 5 1

2. Das Bächlein trieb's dem Tale zu,
dort wo die Mühle steht.
Und wo sich one Rast und Ruh
das große Mühlrad dreht.

3. Ganz langsam drehte sich das Rad,
drauf saß der kleine Has'.
Und als er endlich oben war,
sprang er vergnügt ins Gras.

4. Da lieb das Hässchen schnell nach Haus,
vorbei ist die Gefähr.
Die Mutti klopft das Fell ihm aus,
bis dass es trocknet war.

5. Der Vater macht ein bös'Gesicht:
Hör zu, du kleiner Wicht,
wenn du noch mal spazieren gehst,
und fragst die Eltern nicht ...

. = Die Originalnote wurde bearbeitet, damit sie von der Zungentrommel
in C-Dur gespielt werden kann und harmonisch klingt.

Kling, Glöckchen, klingelingeling

Text: Karl Enslin (1819-1875)
Melodie: Volksweise

2.Kling, Glöckchen, klingelingeling
Kling, Glöckchen, kling!
Mädchen, hört, und Bübchen,
Macht mir auf das Stübchen,
Bring euch viele Gaben,
Sollt euch dran erlaben.
Kling, Glöckchen, klingelingeling
Kling, Glöckchen, kling!

3. Kling, Glöckchen, klingelingeling
Kling, Glöckchen, kling!
Hell erglühn die Kerzen
Öffnet mir die Herzen!
Will drin wohnen fröhlich,
frommes Kind, wie selig.
Kling, Glöckchen, klingelingeling
Kling, Glöckchen, kling!

. = Die Originalnote wurde bearbeitet, damit sie von der Zungentrommel
in C-Dur gespielt werden kann und harmonisch klingt.

Lasst uns froh und munter sein

Volkslied

1. Lasst uns froh und mun-ter sein und uns recht von Her-zen freun!
5 5 5 6 5 4 3 3 3   4 4 4 5 4 3 2 2 2

Refrain: Lus-tig, lus-tig, tra-le-ra-le-ra! Bald ist Ni-ko-la-us-
1 2 3 4   5 6 5 6 5   1 5 5 6 5 4

a-bend-da, bald ist Ni-ko-la-us-a-bend da!
3 2 5   1 5 5 6 5 4 3 2 1

2. Dann stell ich den Teller auf,
Niklaus left gewiss was drauf.
Lustig, lustig, traleralera, ...

3. Wenn ich schlaf, dann träume ich:
Jetzt bringt Niklaus was für mich.
Lustig, lustig, traleralera, ...

4. Wenn ich aufgestanden bin,
lauf ich schnell zum Teller hin,
Lustig, lustig, traleralera, ...

5. Niklaus ist ein guter Mann,
dem man nicht genug danken kann.
Lustig, lustig, traleralera, ...

Laterne, Laterne

Volkslied

La - ter - ne, la - ter - ne, Son - ne, Mond und Ster - ne, Bren - ne
6 5 3 6 5 3 5 5 6 6 5 5 1 3

auf, mein Licht, bren - ne auf, mein Licht, a - ber
5 5 3 1 3 5 5 3 1 3

nur mei - ne lie - be La - ter - ne nicht!
5 5 5 6 6 6 5 5 3

Liebe, liebe Sonne

überliefertes Kinderlied

1. Lie - be, lie - be Son - ne, komm ein biss - chen run - ter.
5 5 6 6 5 3 5 5 6 6 5 3

Lass den Re - gen o - ben, dann wol - len wir dich lo - ben.
5 5 6 6 5 3 1 5 5 6 6 5 3

Ei - ner schließt dem Him - mel auf, kommt die lie - be Son - ne raus.
5 5 5 5 6 6 6 5 4 3 2 1 1 1

2. Liebe, liebe Sonne,
scheine doch drecht hell!
Jage fort die Wolken,
komm hervor ganz schnell!
Einer schließt den Himmel auf,
kommt die liebe Sonne raus.

50

Mein Hut, der hat drei Ecken

 8/11/14/15

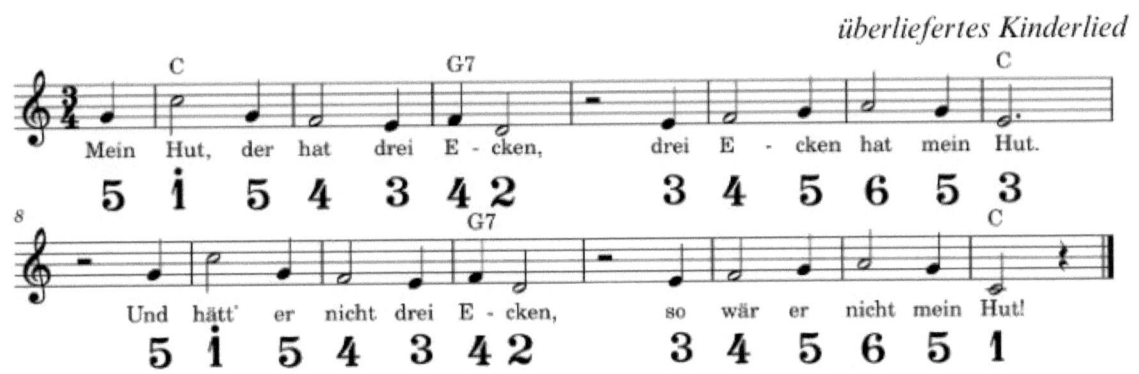

überliefertes Kinderlied

Mein Hut, der hat drei E-cken, drei E-cken hat mein Hut.
5 1 5 4 3 4 2 3 4 5 6 5 3

Und hätt' er nicht drei E-cken, so wär er nicht mein Hut!
5 1 5 4 3 4 2 3 4 5 6 5 1

MEINE HÄNDE SIND VERSCHWUNDEN

überliefertes Kinderlied

2. Meine Nase ist verschwunden,
ich habe keine Nase mehr.
Ei, da ist die Nase wieder.
Trallalalalalala.

3. Meine Augen sind verschwunden,
ich habe keine Augen mehr.
Ei, da sind die Augen wieder.
Trallalalalalala.

4. Meine Ohren sind verschwunden,
ich habe keine Ohren mehr.
Ei, da sind die Ohren wieder.
Trallalalalalalala.

5. Meine Finger sind verschwunden,
ich habe keine Finger mehr.
Ei, da sind die Finger wieder.
Trallalalalalala.

6. Mein Mund, der ist verschwunden,
ich habe keinen Mund mehr.
Ei, da ist der Mund ja wieder.
Trallalalalalala.

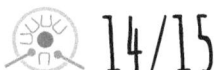
überliefertes Kinderlied

1. Mei - ne O - ma fährt im Hüh ner - stall Mo - tor - rad, Mo -
5 5 3 2 1 7 2 1 7 6 5 3 5

tor - rad, Mo - tor - rad, Mei - ne O - ma fährt im Hüh - ner - stall Mo -
4 2 6 5 3 5 5 3 2 1 7 2 1 7 6

tor - rad, Mei - ne O - ma ist 'ne ganz pa - ten - te Frau.
5 3 5 5 6 6 6 6 7 7 6 7 1

2. Meine Oma hat im Backenzahn ein Radio ...

3. Meine Oma hat 'ne Brille mit Gardinen ...

4. Meine Oma hat 'ne Glatze mit Geländer ...

5. Meine Oma hat Klosettpapier mit Blümmchen ...

6. Meine Oma hat 'nen Kochtopf mit 'nen Lenkrad ...

7. Meine Oma hat 'nen Krückstock mit 'nen Rücklicht ...

8. Meine Oma hat 'nen Nachttopf mit Beleuchtung ...

9. Meine Oma hat 'nen Petticoat aus Wellblech ...

10. Meine Oma hat hat im Strumpfband 'nen Revolver ...

11. Meine Oma hat 'nen Sturzhelm mit Antene ...

12. Meine Oma fährt im Hühnerstahl Motorrad...

Morgen, Kinder, wird's was geben

 11/14/15

Text: Phillipp von Bartsch (1770-1833)
Melodie: Carl Gottlieb Herning (1766-1853)

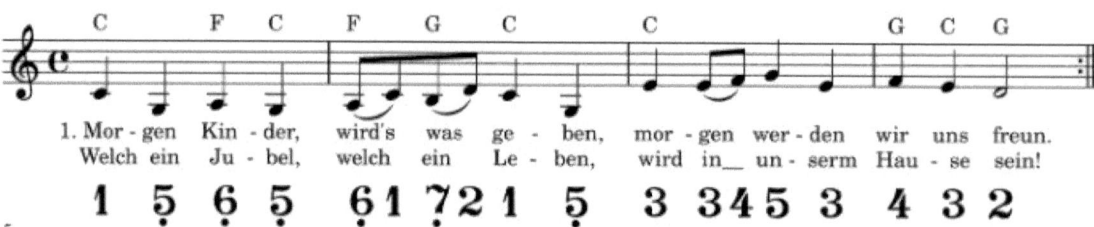

1. Mor - gen Kin - der, wird's was ge - ben, mor - gen wer - den wir uns freun.
Welch ein Ju - bel, welch ein Le - ben, wird in__ un - serm Hau - se sein!

1 5 6 5 6 1 7 2 1 5 3 3 4 5 3 4 3 2

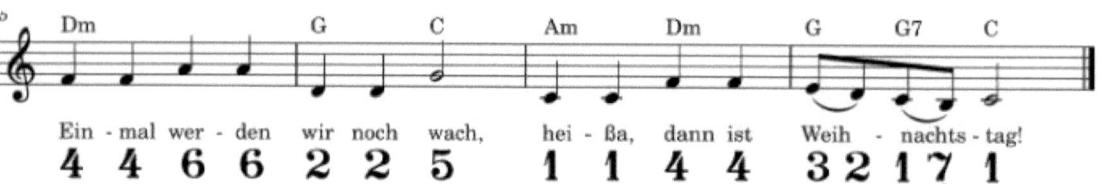

Ein - mal wer - den wir noch wach, hei - ßa, dann ist Weih - nachts - tag!

4 4 6 6 2 2 5 1 1 4 4 3 2 1 7 1

2. Wie wird dann die Stube glänzen
von der großen Lichterzahl,
schöner als bei frohen Tänzen
ein geputzter Kronensaal!
Wissst ihr nocht vom vor'gen Jahr,
wie's am Weihnachtsabend war?

3. Wist ihr nocht: mein Reiterpferden,
Malchens nette Schäferin,
Jettchens Küche mit dem Herdchen
und dem blank geputzten Zinn?
Heinrichts bunten Harlekin
mit der gelben Violin?

4. Wisst ihr nocht den großen Wagen
und die schäne Jagd von Blei,
unser Kleiderchen zum Tragen
und die viele Näscherei?
Meinen fleiß'gen Sägemann
mit der Kugel untendran?

5. Welch ein schöner Tag ist morgen,
viele Freuden hoffen wir!
Unsre lieben Eltern sorgen
lange, lange schon dafür.
O gewiss, wer sie nicht ehrt,
ist der ganzen Lust nicht wert!

O Tannenbaum

Text: Joachim August Zarnack (1777-1827), 1. Strophe:
Ernst Anschüzt (1780-1861), 2. und 3. Strophe
Melodie: Volksweise

2. O Tannenbaum, o Tannenbaum,
du kannst mir sehr gefallen!
Wie oft hat schon zur Weihnactszeit
ein Baum von dir mich hoch erfreut!
O Tannenbaum, o Tannenbaum,
du kannst mir sehr gefallen!

3. O Tannenbaum, o tannenbaum,
dein Kleid will mich was lehren.
Die Hoffnung und Beständigkeit
gibt Mut und Kraft zu jeder Zeit!
O Tannenbaum, o Tannenbaum,
dein Kleid will mich was lehren.

Ri-ra-rutsch

Volkslied

1. Ri - ra - rutsch, wir fah - ren mit der Kutsch. Wir
1   3   5   4   3   3   2   2   1   1

fah - ren mit der Schne - cken post, wo es kei - nen Pfen - nig kost'
2   2   7   5   5   5   3   2   2   7   5   5   5   3

Ri - ra - rutsch, wir fah - ren mit der Kutsch.
1   3   5   4   3   3   2   2   1

2. Ri-ra-rutsch, wir fahren mit der Kutsch.
Wir fahren über Stock und Stein,
da bricht das Pferdchen sich ein Bein.
Ri-ra-rutsch, wir fahren mit der Kutsch.

3. Ri-ra-ritten, wir fahren mit dem Sclitten.
Wir fahren übern tiefen See,
da bricht der Schlitten ein, o weh,
Ri-ra-ritten, wir fahren mit dem Schlitten.

4. Ri-ra-ruß, jetzt gehn wir fein zu Fuß.
Da bricht auch kein Pferdebein,
da bricht uns auch kein Schlitten ein.
Ri-ra-ruß, jetzt gehn wir fein zu Fuß.

Ringel, Ringel, Reihe

Volkslied

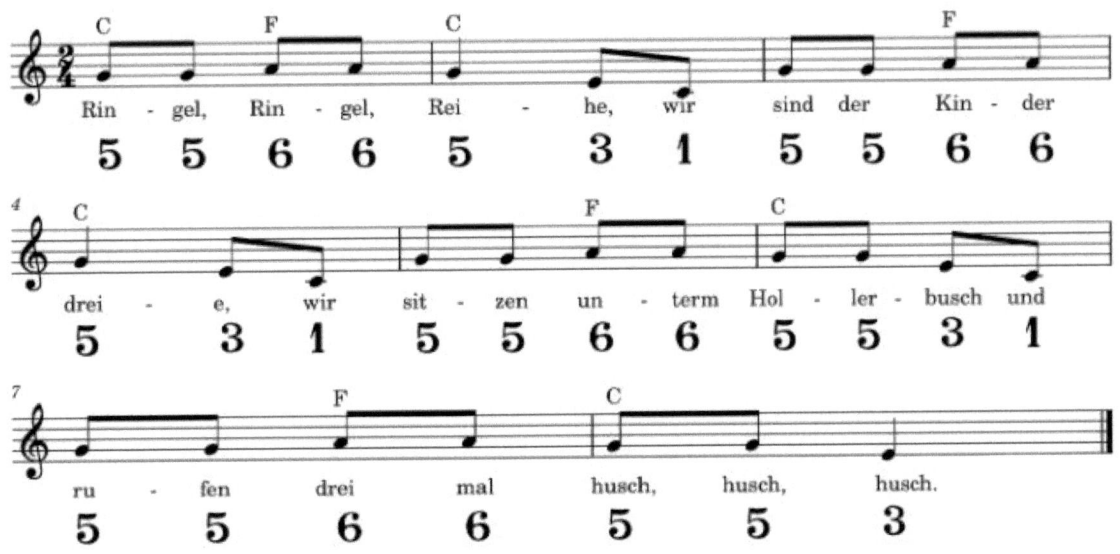

Rin	- gel,	Rin	- gel,	Rei	-	he,	wir	sind	der	Kin	- der
5	5	6	6	5		3	1	5	5	6	6

drei	-	e,	wir	sit	- zen	un	- term	Hol	- ler - busch und
5		3	1	5	5	6	6	5	5 3 1

ru	-	fen	drei	mal	husch,	husch, husch.
5		5	6	6	5	5 3

Sankt Martin ritt durch Schnee und Wind

Volkslied aus dem Rheinland

2. Im Schnee saß, im Sxhnee,
da saß ein armer Mann,
hat' Kleider nicht, hatt' Lumpen an.
O helft mir doch in meiner Not,
sonst ist der bitt're Frost mein Tod!

3. Sankt Martin, Sankt Martin Sankt Martin
zog die Zügel an,
sein Ross stand still beim armen Mann,
Sankt Martin mit dem Schwerte teilt'
den warmen Mantel unverweilt.

4. Sankt Martin, Sankt Martin, Sankt Martin
gab den halben still,
der Bettler rasch im danken will.
Sankt Martin aber ritt in Eil'
hinweg mit seinem Mantelteil.

SCHNEEFLÖCKCHEN, WEIßRÖCKCHEN

Volkslied

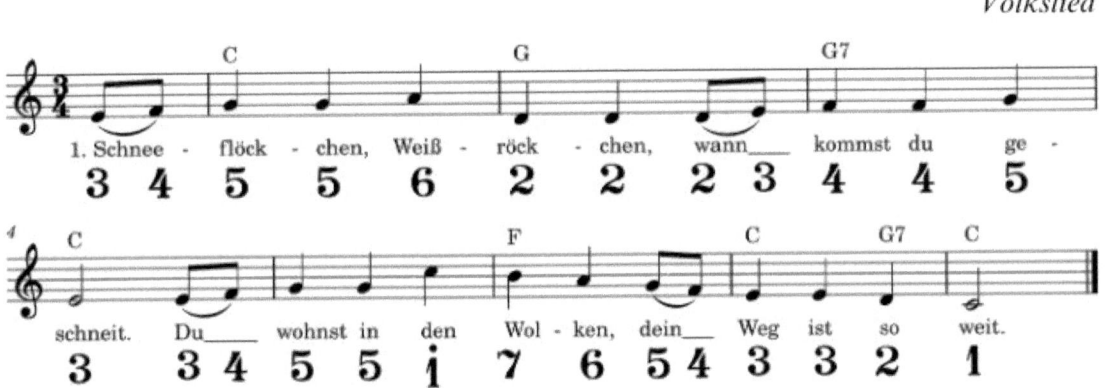

C · G · G7

1. Schnee - flöck - chen, Weiß - röck - chen, wann__ kommst du ge -

3 4 5 5 6 2 2 2 3 4 4 5

C · F · C · G7 · C

schneit. Du__ wohnst in den Wol - ken, dein__ Weg ist so weit.

3 3 4 5 5 1 7 6 5 4 3 3 2 1

2. Komm, setzt dich ans Fenster,
du lieblicher Stern,
malst Blumen und Blätter,
wir haben dich gern.

3. Schneeflöckcen, du deckst uns
die Blümelein zu,
dann schlafen sie sicher
in himmlischer Ruh'

4. Schneeflöckchen, Weißröckchen,
komm zu uns ins Tal,
dann baun wir den Schneemann
und werfen den Ball.

TALER, TALER, DU MUSST WANDERN

 8/11/14/15

Volkslied

Ta - ler, Ta - ler du muss wan - dern von dem ei - nen
1 1 3 3 2 2 1 5 3 3 5 5

Ort zum an - dern, o wie schön, o wie schön,
4 4 3 1 5 5 6 4 4 5

Ta - ler, lass dich nur nicht sehn.
3 3 4 4 2 2 1

Spannenlanger Hansel

Volkslied

1. Span - nen - lan - ger Hän - sel, nu - del - di - cke Dirn,
1 1 1 2 3 3 2 1 2 3 1

gehn wir in den Gar - ten, schüt - teln wir die Birn'.
3 3 3 4 5 5 4 3 4 5 3

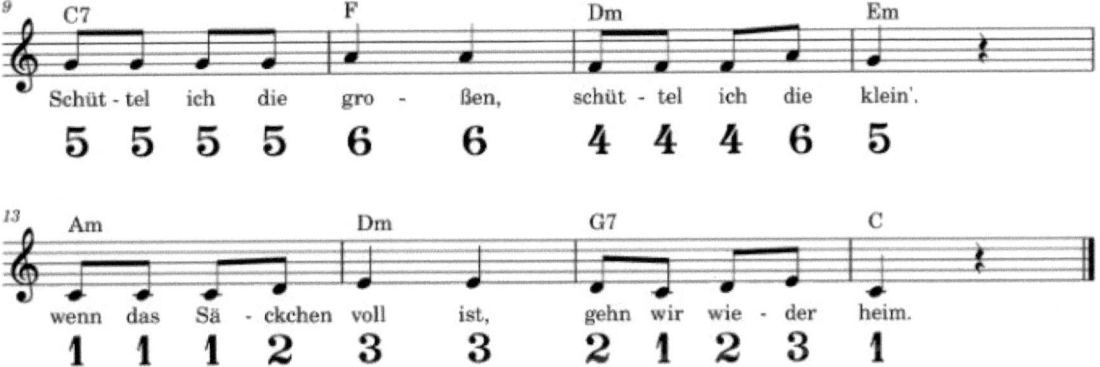

Schüt - tel ich die gro - ßen, schüt - tel ich die klein'.
5 5 5 5 6 6 4 4 4 6 5

wenn das Sä - ckchen voll ist, gehn wir wie - der heim.
1 1 1 2 3 3 2 1 2 3 1

2. Lauf doch nicth so eilig,
spannenlanger Hans!
Ich verlier die Birnen
und die Schuh' noch ganz.
Trägst ja nur die kleinen,
nudeldicke Dirn,
und ich schlepp den schweren Sack
mit den großen Birn'.

Weißt du, wie viel Sternlein stehen  8/11/14/15

Text: Wilhelm Hey (1789-1854)
Melodie: überliefert

2. Weißt du, wie viel Mücklein spielen
in der hellen Sonnenglut?
Wie viel Fischlein auch sich kühlen
in der hellen Wasseflut?
Gott, der Herr, rief sie mit Namen,
dass sie all' ins Leben kamen,
dass sie nun so fröhlich sind,
dass sie nun so fröhlich sind.

3. Weißt du, wie viel Kinder frühe
stehn aus ihren Bettlein auf,
dass sie ohne Sorg und Mühe
fröhlich sind im Tageslauf?
Gott im Himmel hat an allen
seine Lust sein Wohlgefallen,
kennt auch dich und hat dich lieb,
kennt auch dich und hat dich lieb.

WER WILL FLEIßIGE HANDWERKER SEHN

Volkslied

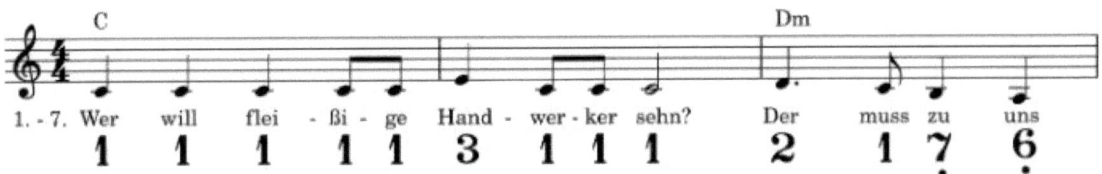

1. - 7. Wer will flei - ßi - ge Hand - wer - ker sehn? Der muss zu uns
1   1   1   1 1   3   1   1   1   2   1   7   6

Kin - der gehn. 1. Stein auf Stein, Stein auf Stein, das
6   5   5   5   2   2   5   3   3   3

Häus - chen wird bald fer - tig sein.
4   3   2   5   3   2   1

2. Wer will fleißige Handwerker sehn?
Der muss zu uns Kindern gehn.
╠ O wie fein, o wie fein,
der Glaser setzt die Scheiben ein╣

3. Wer will fleißige Handwerker sehn?
Der muss zu uns Kindern gehn.
╠ Tauchet ein, tauchet ein,
der Maler streict die Wände fein. ╣

4. Wer will fleißige Handwerker sehn?
Der muss zu uns Kindern gehn.
╠ Zisch, zisch, zisch, zisch, zisch, zisch,
der Tischler hobelt glatt ein Tisch. ╣

3. Wer will fleißige Handwerker sehn?
Der muss zu uns Kindern gehn.
╠ Poch, poch, poch. Poch, poch, poch,
der Schuster schustert zu das Loch. ╣

6. Wer will fleißige Handwerker sehn?
Der muss zu uns Kindern gehn.
╠ Stich stich, sitch. Stich, stich stich,
der Schneider näht ein Kleid fur mich. ╣

7. Wer will fleißige Handwerker sehn?
Der muss zu uns Kindern gehn.
╠ Trapp, trapp, drein. Trapp, trapp, drein,
jetzt gehn wir von der Arbeit Heim ╣

WIDEWIDEWENNE

Volkslied aus Holstein

Wi - de -wi - de wen - ne heißt mei - ne Put - hen - ne.
1 2 3 4 5 1 3 5 4 2 2 1

1. Kann - nicht - ruhn heißt mein___ Huhn, Wa -ckel - schwanz heißt mei - ne Gans.
5 4 2 6 6 5 3 5 4 2 6 5 5 3

Wi - de -wi - de wen - ne heißt mei - ne Put - hen - ne.
1 2 3 4 5 1 3 5 4 2 2 1

2. Widewidewenne heißt meine Puthenne.
Schwarz-und-weiß heißt meine Geiß.
Kurzebein heißt mein Schwein.
Widewidewenne heißt meine Puthenne.

3. Widewidewenne heißt meine Puthenne.
Ehrenwert heißt mein Pferd.
Gute-Muh heißt meine Kuh.
Widewidewenne heißt meine Puthenne.

4. Widewidewenne heißt meine Puthenne.
Wettermann heißt mein Hahn.
Kunterbunt heißt mein Hund.
Widewidewenne heißt meine Puthenne.

5. Widewidewenne heißt meine Puthenne.
Kuckheraus heißt mein Haus.
Schlupfheraus heißt meine Maus.
Widewidewenne heißt meine Puthenne.

6. Widewidewenne heißt meine Puthenne.
Wohlgetan heißt mein Mann.
Sausewind heißt mein Kind.
Widewidewenne heißt meine Puthenne.

Gesprochen:
Nun kennt ihr mich mit Mann und Kind
und meinem ganzen Hausgesind'.

Zehn kleine Zappelmänner

Volkslied

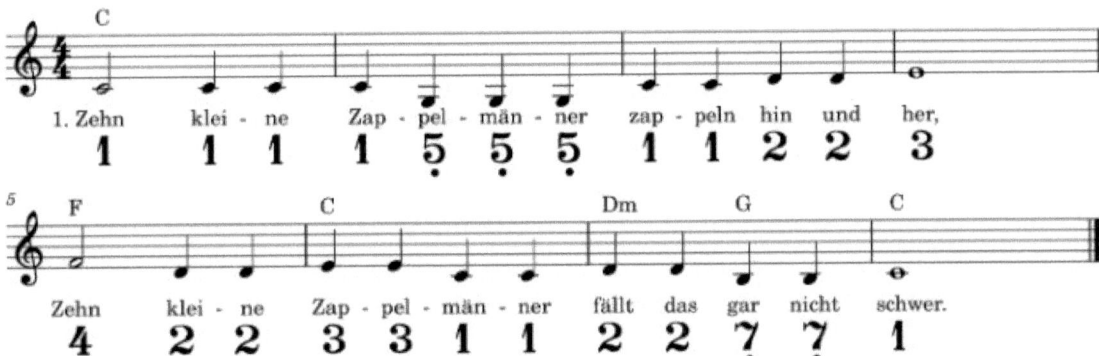

1. Zehn klei - ne Zap - pel - män - ner zap - peln hin und her,
1 1 1 1 5 5 5 1 1 2 2 3

Zehn klei - ne Zap - pel - män - ner fällt das gar nicht schwer.
4 2 2 3 3 1 1 2 2 7 7 1

2. Zehn kleine Zappelmänner zappeln auf und nieder,
zehn kleine Zappelmänner tun das immer wieder.

3. Zehn kleine Zappelmänner zappeln rund herum,
zehn kleine Zappelmänner, die sind gar nicht dumm.

4. Zehn kleine Zappelmänner spielen mal Versteckt,
zehn kleine Zappelmänner sind auf einmal weg.

5. Zehn kleine Zappelmänner rufen laut: „Hurra",
zehn kleine Zappelmänner, die sind wieder da.

Zeigt her eure Füße

Volkslied

1.-8. Zeigt her eu - re Fü - ße, zeigt her eu - re Schuh' und
1   4   4 6 4   4 1   4   4 6 5   5

se - het den flei - ßi - gen Wasch_-frau - en zu. 1. Sie wa - schen, sie
5   67   i   5 6 5 4 3 2   1   1   4   4 6

wa - schen, sie wa - schen den gan - zen Tag. Sie
4   4   1   4 4 4   6   5   5

wa - schen, sie wa - schen, sie wa-schen den gan - zen Tag.
5   67   i   5   6   5 5 4 3 2   1

2. Zeigt eure Füße ...
⫾ Sie spüllen, sie spüllen,
sie spüllen den ganzen Tag. ⫾

3. Zeigt eure Füße ...
⫾ Sie wringen, sie wringen,
sie wringen den ganzen Tag. ⫾

4. Zeigt eure Füße ...
⫾ Sie hängen, sie hängen,
sie hängen den ganzen Tag. ⫾

5. Zeigt eure Füße ...
⫾ Sie büglen, sie bügeln,
sie bügeln den ganzen Tag. ⫾

6. Zeigt eure Füße ...
⫾ Sie schwatzen, sie schwatzen,
sie schwatzen den ganzen Tag. ⫾

7. Zeigt eure Füße ...
⫾ Sie tanzen, sie tanzen,
sie tanzen den ganzen Tag. ⫾

8. Zeigt eure Füße ...
⫾ Sie ruhen, sie ruhen,
sie ruhen den ganzen Tag. ⫾

Zum Geburtstag viel Glück

Text: überliefert
Melodie: Milfred & Patti Hill

Vorlagen zum Ausschneiden

Schneide den Sticker aus, der zu deiner Zungentrommel passt und klebe ihn mit einem durchsichtigen Klebeband an das äußere Ende der Klangzunge. So stören sie das Spielen mit Fingern oder Drumsticks am wenigsten.

Tipp: Kopiere die Seite, um das Buch nicht zu beschädigen

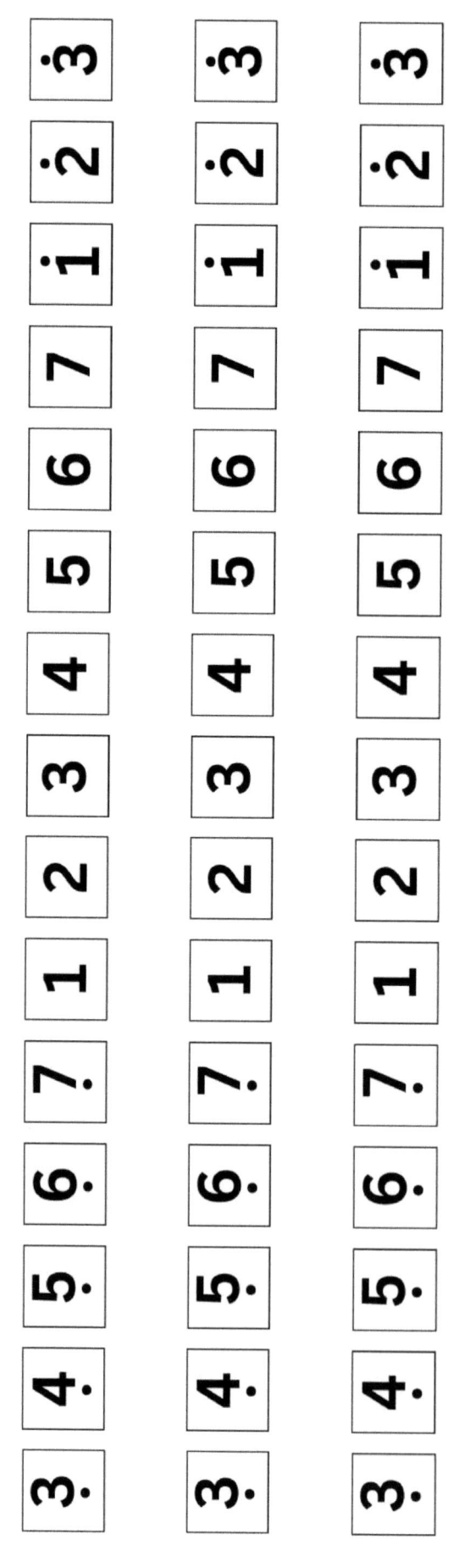

Abschließende Worte

Die Besonderheit einer Zungentrommel ist, dass sie leicht von allen Altersstufen und unabhängig von Begabung gespielt werden kann. Vom Kind bis zum Profi, mit einer Zungentrommel und den unterschiedlichen Spieltechniken hat jeder seine Freude. Entdecke die Vielzahl an meditativen Klängen und lasse dich von den endlosen Spielfolgen sowie dem großen Klangspektrum dieses wundervollen Instruments überraschen.

Aufgrund seiner beruhigenden und sanften Klänge eignet sich eine Zungentrommel auch hervorragend für Yoga, Meditation und Entspannung. Baue Stress ab und erlebe innere Ruhe und Entspannung. Mit dem Musikbuch kannst du dabei in deinem ganz eigenen Tempo und ohne Zeitdruck üben und profitierst von einer Vielzahl an Effekten.

- Aktiviert Hirnareale für mehr Entspannung
- Fördert die Kreativität
- Schult deine Koordination
- Verbessert deinen Rhythmus
- Trainiert das Gehirn und fördert deine Aufmerksamkeit
- Spiele einfache Kinderlieder mit diesem Musikbuch selbst nach

Wir wünschen dir viel Freude

Dein YNSIDE COLLECTIVE-Team

Über Sound Energy by YNSIDE COLLECTIVE

Sound Energy Musikinstrumente, welche die Verbindung von Körper, Geist und Seele unterstützen. Durch die unaufdringlichen Klänge sind unsere Instrumente sehr beliebt bei Therapeuten, Trainern und Heilern, welche diese zur Förderung von Entspannung, Linderung von Angstzuständen, Schlaflosigkeit, Depressionen, Schmerzbehandlung usw. nutzen. Die Instrumente von Sound Energy laden uns ein, den Moment wertzuschätzen, Entspannung zu erleben und unterstützen uns auf der Reise zu mehr Harmonie, Frieden und Balance. So wird die Selbstfindung durch den sphärischen Klang zu einer einfachen, tiefgreifenden Praxis.

Wir hoffen du hast viel Freude mit diesem Musikbuch und dem spielen deiner Zungentrommel. Als kleines Dankeschön möchten wir dir einen **10%** Rabattcode* schenken

Einlösen kannst du ihn auf:

www.ydrum.de

Dein exklusiver Gutscheincode:

SE423YC